AF254011

CATALOGUE
DES
LIVRES,

Qu'on trouve

Chez MARC MICHEL REY,

Libraire à Amſterdam, 1746.

A.

ABregé de l'Hiſtoire d'Angleterre, par Rapin Thoyras, 4. 3 *vol. La Haye.* 1730.

—————— de la Nouvelle Choregraphie, par le Sr. Rameau, 8. *fig. Paris.*

—————— des Principes de la Grammaire, de Reſtaut, 12. 1745.

—————— de la Logique de De Crouſaz, 8. 2 *vol. Amſt.* 1737.

—————— des Sciences & des Arts par demandes & par Reponſes, 12. *Francfort* 1744.

Alcoran des Cordeliers Latin, François avec des figures de B. Picart, 12. 2 *vol. Amſt.* 1734.

Ambaſſades & Negociations du Comte d'Estrades, 12. *Amſt.* 1716.

Ambaſſadeur & ſes fonctions par Wicquefort avec le Traité du Juge Conpetent, par Mr. de Bynkershoek & traduit par Mr. Barbeyrac, 4. 2 *vol. Amſt.* 1730.

Amours Paſtorales de Daphnis & Chloé, 8. *avec de très-jolies fig. Paris* 1731.

—————— d'Iſmene & d'Iſmenias, 8. *auſſi avec de très-jolies fig. Paris* 1743.

Amours

Amours de Theagéne & de Chariclée, 8. 2 vol.
  avec fig. du même goût, Paris 1743.
Amufemens de la Campagne, de la Cour, &
  de la Ville, &c. 12. 12 vol. Amft. 1740.
Anecdotes de Florence ou l'Hiftoire Secrete
  de la Maifon de Medicis, par Varillas, 12.
  La Haye 1687.
———— Jefuitiques, ou le Philotanus Moder-
  ne, 12. 3 vol. La Haye 1740.
Anti-Pamella, 12. Amft. 1743.
Apparat Royal ou Nouveau Dictionnaire
  François, Latin, &c. 8.
Architecture de Vignole, par Daviler, avec
  le Supplement, 4. 2 vol. fig. La Haye 1730.
Art de Monter à Cheval, par le Baron d'Ei-
  femberg, ou Defcription du Manege Mo-
  derne, dans fa perfection avec 60 fig. de
  Picart, fol. La Haye 1740.
Aftrée de Mr. d'Urfé, 12. 10 vol. fig. Paris
  1733.
Atalzaide Ouvrage Allegorique, 8. 1746.
Avantures de Telemaque, 4. fig. Amft. 1734.
———— de Gilblas, 12. 4 vol. Amft.
———— de Robinfon Crufoe, 12. 3 vol. fig.
  Amft.
———— de Telemaco, 12. 2 vol. Paris 1733.
———— en Latin, 8. 2 vol. fig. Berolini.
Albino Anglo Hæmifphærium Diffectum opus Geo-
  metricum, fol. Romæ.

B.

BAnque (la) rendue facile aux Nations de
  l'Europe &c. par Pierre Giraudeau, 4.
  Geneve 1741.
                                    Belle

Belle (la) Wolfienne avec deux Lettres
Hiſtoriques , par Mr. Formey , 8. 3 *vol.*
La Haye 1745.
——————— Voyez *Réflexions*, par De Crouſaz, 8.
Berger (le) Fidelle traduit de l'Italien de
Guarini , 12. *fig. Paris* 1672.
Bible d'Oſtervald avec les Argumens & des
Réflexions , *fol. Amſt.* 1724.
——————— Idem derniere Edition de Neufcha-
tel conſiderablement augmentée , & où l'on
a joint les Livres Apocryphes, *fol.* 2 *vol.* 1744.
——————— nouvelle Verſion , par Charles le Ce-
ne , *fol.* 2 *vol. Amſt.* 1741.
——————— de poche , 12. 3 *vol.*
Bibliotheque de Campagne , ou Amuſemens
de l'Eſprit & du Cœur , 12. 12 *vol. La Haye*
1740.
Bibliotheque Germanique ou Hiſtoire Litte-
raire d'Allemagne , depuis Juillet 1720. juſ-
qn'à 1741 , 8. 50 *vol. compl.*
——————— Ou Journal Litteraire d'Allemagne
ſuite de la Biblioth. Germanique , 8. 4 *vol.*
1741-1743.
——————— Univerſelle , Choiſie , & Ancienne &
Moderne , par Mr. le Clerc , 12. 77 *vol.*
compl.
——————— Angloiſe , *pluſieure Volumes.*
——————— Raiſonnée , 8. 70 *vol. complet.*
——————— Françoiſe , 8. 39 *vol.* ou 84 *parties*
complet.
——————— Britannique , 8. 45 *vol. complet.*
Bien-Aimé , Conte Allegorique , 8. 1745.
Bayeri (Theop. Sigéfr.) de Horis Sinicis & Cy-
clo Horario Commentationes: accedit Ejusdem
Auctoris Parergon Sinicum de Calendariis Si-
nicis &c. 4. fig. *Petrop.* 1735.

Ber-

Bernoulli (*Joh.*) *Opera Omnia*, 4. 4 vol. fig. Laufannæ 1743.

Biblia Hebraica in 16. en XI vol. editio hæc ee Rob. Stephani, Omnium eft accuratiflima ut & rariflima, 1544, 45, 46.

———— ———— cum Punctis in 16.

———— ———— fine Punctis. 12.

Boerhave Confultationes Medicæ, 8. La Haye 1744.

Borellus (*Joh. Alp.*) *de vi Percuffionis, Motu Animalium &c.* 4. fig. Lugd. Bat. 1686.

Breitingeri Teftamentum Græcum, 4. 4 vol. Tiguri 1730.

Bruningii (*Chrift.*) *Compendium Antiquitatum Græcarum & Sacrarum*, &c. 8. Ffort. 1734.

C.

Cabinet du Roi de France dans lesquels il y a trois perles precieufes d'ineftimable valeur &c. 12. 1581.

———— d'Ant. van Dyck, contenant 50 Portraits de divers Princes & Princeffes, *fol. fig.*

———— des Fées, contenant tous les Ouvrages fur cette Matiére, 12. 9 *vol. fig. Amft.* 1735.

Caloandre (le) fidelle, traduction de l'Italien d'Ambrofio Marini, 12. 3 *vol. Paris* 1740.

Catalogue Raifonné de Coquilles & autres Curiofitez Naturelles, par Gerfain, 12. *Paris* 1736.

———— de Curiofitez, confiftant en Eftampes des plus grands Maitres, des Deffeins, des Coquilles rares, des Animaux, des Mineraux, des Pierres Arborifées &c. 12. *Paris* 1737.

Cata-

Catalogue Raisonné d'une Collection, confi-
derable de diverses Curiositez en tout gen-
re, de Mr. Bonnier de la Mosson, par E.
F. Gersain, 12. *Paris* 1744.
———— ———— de diverses Curiositez du Cabinet
de feu Mr. Quentin de l'Orangerie, compo-
sées de Tableaux originaux, de Desseins &
d'Estampes, avec quelques Notes sur les
Maitres Anciens & Modernes, par E. F.
Gersain, 12. *Paris* 1744.
———— ———— des differents Effets Curieux &
rares contenus dans le Cabinet de feu Mr.
le Chevalier de la Roque, par le même.
12. *Paris* 1745.
———— des Plantes tant des tulipes que de tou-
tes sortes de Fleurs &c. 12. *Lion* 1653.
———— *Plantarum &c. Dillenii, 8. fig. Francf.* 1719.
Catechisme de Jaq. Saurin, 8. *Amst.* 1724.
———— Historique & Dogmatique, sur les Con-
testations qui divisent l'Eglise, &c. 12. 2
vol. 1740.
Causes Celebres & interessantes avec les Ju-
gemens qui les ont décidées, recueillis par
Mr. Gayot de Pitaval, 8. 22 *vol. La Haye*
1737-1745.
Celenie Histoire Allegorique, par Mad. L***.
nouv. edition, 12. 1738.
Censeur Impartial, ou Réflexions Morales, 12.
1741.
Cent nouvelles nouvelles, par Mad. de Go-
mez, 12. 20 *vol La Haye* 1739.
———— ———— avec figures gravées sur les
Desseins du fameux Romain de Hooge &
retouchée par B. Picart le Romain, 8. 2 *vol.*
1736.
Ceremonies & Coutumes Religieuses de tous
P les

les Peuples du Monde, avec les Superſti-
tions Anciennes & Modernes, *fol.* 9 *vol.*
fig. Amſterd.

Céſars de l'Empereur Julien traduits du Grec,
par Mr. Spanheim, avec des Medailles gra-
vées par B. Picart, 4. *fig. Amſt.* 1728.

Chercheuſe d'Eſprit (la) Opera Comique, 12.
Paris 1743.

Chevalier (le) des Eſſars & la Comteſſe de
Berci, 12. 2 *vol. Amſt.* 1735.

Chronique de Fréderic, Roi de Pruſſe, 8.
3 *parties.* 1745.

Commentaire ſur la Traduction en Vers de
Mr. l'Abbé du Resnel de l'Eſſai de Pope
ſur l'Homme, par Mr. de Crouſaz, 12. *Ge-
neve* 1738.

Conjuration de Nicolas Gabrini dit Rienzi, Ti-
ran de Rome, par du Cerceau, 12. *Amſt.* 1734.

Connoiſſance des Pavillons ou Banieres, que
la plûpart des Nations arborent en Mer,
4. *fig. La Haye* 1737.

Conſolations Philoſophiques de Boëce, nou-
velle Traduction, avec la Vie de l'Auteur
&c. 8. 2 *vol.* 1744.

Conſtance des promptes Amours, avec le
joüet de l'Amour ſuivi de ſes ruſes & Me-
tamorphoſes, 12. 2 *vol. Paris* 1733.

Contes de la Fontaine, de Marguerite de Va-
lois, de Bocace, & les Cent nouvelles nou-
velles, 12. 8 *vol. Paris* 1733.

———— Chinois ou Avantures Merveilleuſes
du Mandarin Fum-Hoam, 12. 2 *vol. fig.*
Utrecht 1733.

———— Et nouvelles en vers, par de la Fon-
taine, 12. 2 *vol. avec de très - jolies fig.*
deſſinées par Cochin, Paris 1743.

Cor-

Correspondance Historique, ou Critique des Lettres Juives, 8. 3 *vol. La Haye* 1737.

Côtes (les) de France sur l'Ocean & la Mediterranée, corrigées, augmentées, & divisées en Capitaineries, Garde-Côtes &c. par de Fer, en 34 Cartes enluminées, 4.

Cour (la) de France sous Louïs XIV. contenant 200 Portraits gravez des Princes, Seigneurs, & Dames de cette Cour, *fol.*

Curieux Antiquaire par Berkenmayer, 8. 2 *vol. fig. Leyde* 1729.

Curiositez de la Nature & de l'Art sur la Vegetation &c. 12. 2 *vol. fig. Bruxel.* 1715.

CASSIUS, (DION) *Ælius Spartianus, Julius Capitolinus, Ælius Lampridius, Vulcatius Gallicanus, Trebellius Pollio, Flavius Vopiscus, Joh. Bapt. Egnatius de Principibus Romanorum.* Paris apud Rob. Steph. 8. 2 vol. Corio Turcico 1544.

Capella Satyricon H. Grotii, 8. ex off. Plantin. 1599.

Carpzovii (Joh. Ben.) Collegium Rabbinico Biblicum in Ruth &c. 4. *Lipsiæ* 1703.

———— *(Sa. Ben.) Examen novæ Praxeos contra Papistas &c.* 8. *Witteb.* 1677.

Cassiodori Opera. fol. *Paris* 1589.

Catechismus Ecclesiæ Genevensis, hoc est formula erudiendi pueros in doctrina Christi, 12. *Genevæ* 1560.

CATULLUS, TIBULLUS, & PROPERTIUS, 12. 3 *vol. fig. Parisiis apud Coutellier* 1743. *editio nitidissima.*

Christus & Papa, 12. *fig.* 1557.

Ciceronis de Claris Oratoribus &c. 8. *Basil.* 1564.

Codex Fabrianus, fol. 2 vol. *Genevæ* 1740.

Codex

CATALOGUE

Codex Theodosianus, fol. 7 vol. Lipsiæ 1736.
Q. Curtius, 12. Amst. 1671.
Caracci de Atti di Bologna disegnate, fol. fig. Romæ 1740.

D.

DElices de France, &c. 12. 3 vol. *fig. Leyde* 1727.
——————— de Versailles, &c. 12. 2 vol. *fig. ibid.* 1728.
——————— d'Espagne & de Portugal, 12. 6 vol. *fig. ibid.* 1725.
——————— de la Grande Bretagne, 8. 8 vol. *fig. ibid.* 1727.
——————— d'Italie, par Rogissart, 12. 4 vol. *fig. Paris* 1707.
Description de l'Egypte, composée sur les Memoires de Mr. de Maillet, par l'Abbé le Mascrier, 12. 2 vol. *fig. La Haye* 1740.
Diable Boiteux, par Mr. le Sage, 12. 2 vol. *fig. Amst.* 1729.
Dialogues Critiques & Philosophiques, par Mr. l'Abbé de Chaste-Livry, 12. 1735.
——————— (Neuf) d'Oratius Tubero, fait à l'Imitation des Anciens &c. 12. 2 vol. *Amst.* 1716.
——————— Satyriques & Moraux, par Petit, 12. *Amst.* 1688.
Dictionnaire François-Latin, Latin-François de Danet, 4. 2 vol. *Amst.* 1711.
——————— François - Hollandois, Hollandois-François, par Halma, 4. 2 vol. *Amst.* 1733.
——————— Historique & Critique de Bayle, fol. 4 vol. *Amst.* 1740.

Dic.

Dictionnaire Geographique & Critique de Mr.
La Martiniere, *fol.* 9 *vol. La Haye* 1737.
——————— le Tom. 9. apart.
——————— Neologique à l'ufage des beaux Ef-
prits du Siècle &c. 12. *Amft.* 1728.
——————— Militaire, ou Recueil Alphabetique
de tous les Termes propres a l'Art de la
Guerre, 12. *Laufane* 1743.
——————— Imperial en 4 Langues, 4. 4 *vol.* 1742.
Difcours fur les Vies des Saints de l'Ancien
Teftament &c. 12. 6 *vol. Paris* 1732.
Differtations Mêlées fur divers fujets Impor-
tans & Curieux, 12. 2 *vol. Amft.* 1740.
Droit de la Guerre & de la paix, par Hug.
Grotius, Nouvelle Traduction par Barbey-
rac, 4. 2 *vol. Amft.* 1724.
Dons des Enfans de Latione, la Mufique &
la Chaffe du Cerf &c. 8. *fig. Paris* 1734.

* E.

ELemens Hiftoriques ou Methode courte &
facile pour apprendre l'Hiftoire aux En-
fans, 12. 2 *vol. Paris* 1739.
L'Enfant Prodigue Comedie, 8. 1737.
Entretiens dans lesquels on traite des entre-
prifes de l'Efpagne, des prétentions du Che-
valier de St. George, & de la Renonciation
de S. M. Catholique, 8. *Cologne* 1733.
——————— Inftructifs d'un Pere avec fon fils
&c. par Milord Halifax, 12. *Amft.* 1732.
——————— ou Leçons Mathematiques fur la Ma-
niere d'étudier cette Science &c. 12. 2 *vol.*
Laufane 1743.
——————— fur divers Sujets d'Hiftoire, de Lit-
terature, de Religion, & de Critique, 12.
1741.   P 3   Effai

Essai sur la Nécessité & sur les moyens de plaire, par Mr. Moncrife, 12. *Amst.* 1738.

—— sur la Providence & sur la Possibilité Physique de la Resurrection, 12. *La Haye* 1719.

—— sur l'Homme, par Alex. Pope Trad. Françoise en Prose, par Mr. S***. avec l'original Anglois, 4. *fig.* 1746. *édition très propre.*

Existence & la Sagesse de Dieu manifestées dans les Ouvrages de la Création &c. par Ray, 8. *Utrecht* 1714.

Explication Abregée des Coutumes & Ceremonies observées chez les Romains traduite de Nieupoort, 12. *Paris* 1741.

Ex Ctesia, Agatharchide, Memnone excerptæ Historiæ. Appiani Iberica, &c. Græc. cum H. Stephani Castigationibus, ex Officina H. Steph. 8. 1557.

Erasmus de Recta Latini Græcique Sermonis Pronunciatione. Lutet, apud Rob. Steph. 8. 1547.

Euleri (Leon.) Methodus inveniendi Curva maximi minimive proprietate gaudente &c. 4. *fig.* Lausane 1744.

F.

FAbles Nouvelles, par Mr. de la Motte, 12. 2 *vol. fig. Amst.* 1727.

—— de la Fontaine, 8. 2 *vol. fig. Amst.*

Fabricii (Fran.) Orator Sacer. &c 4 Lugd. Bat. 1733.

Fenelon fata Talemachi, 8. 2 vol. Berolini.

G.

GAllimatia Ode par un Inconnu, &c. 8. 1744.

Geographie ou Description de tout l'U-
nivers

hivers &c. par Sanson, 4. *fig. Amst.* 1700.
très proprement. Enluminé.
Geographie Moderne, Naturelle, Historique &
Politique &c. par Du Bois, 4. 4 *vol. fig.*
La Haye 1736.
Gouvernement admirable de la Republique
des Abeilles avec les moyens d'en tirer
une grande utilité, 12. *La Haye* 1740.
Grammaire Françoise, ou Principes Gene-
raux & raisonnés de la Grammaire, &c. par
Mr. Restaut, 12. 1741.
————— pour apprendre l'Anglois & Voca-
bulaire Anglois, François, Flamand & La-
tin par Pell, 8. 2 *vol. Utrecht* 1735.
Grigri, Histoire Veritable &c. 12. 2 *parties*
Amst. 1745.
Guide d'Angleterre ou Relation Curieuse du
Voyage de Mr. de B*** &c. 8. *Amst.* 1744.
Gesneri, Bibliotheca Universalis, fol. 1545.

H.

Histoire Ancienne de Rollin, 12. 13 *vol.*
La Haye 1740.
————— de l'Académie Royale des Sciences
pour l'année 1736. 12. 2 *vol. fig. Amst.* 1740.
————— d'Amenophis Roy de Cypre, 8. *Lon-*
dres 1745.
————— des Amours de Valerie & du Noble
Venitien Barbarigo, par Mr. Galli de Bi-
biena, 1741.
————— de la Bible par Basnage, *fol. fig. Amst.*
1714.
————— ————— par Martin, 4. *fig. Amsterd.*
1724.
————— des Chevaliers de Malthe, par l'Abbé
Vertot. 12. 5 *vol. fig. Amst.* 1735.

Histoi-

Hiftoire du Ciel, confideré felon les idées de Poëtes &c. par l'Abbé Pluche, 12. 3 vol. fig. La Haye 1740.

——— des Camifars, 18. 2 vol. La Haye 1744.

——— du Chevalier de la Plume Noire, 12. Amft. 1745.

——— du Clergé Seculier & Regulier &c. 8. 4 vol. fig. Amft. 1716.

——— de Don Inigo de Guifpufcoa &c. avec l'Anti-Cotton, 8. 2 vol. La Haye 1738.

——— de Don Quichotte, 12. 6 vol. Amft. 1735. le même livre édition de Paris. ———

——— des Découvertes & des Conquêtes des Portugais dans le nouveau monde, par le R. P. Lafiteau, 4. 2 vol. fig. Paris 1733.

——— d'Emilie ou les Amours de Madelle. De ***. 12. Paris 1732.

——— de la Guerre des Huffites & du Concile de Bafle par Lenfant, 4. 2 vol. fig.

——— le Supplement audit Ouvrage, par de Beaufobre, 4. Laufane 1746.

——— de France du Pére Daniel, 12. 16 vol. fig. Amft. 1744.

——— des Juifs par Prideaux, 12. 6 vol. fig. Amft. 1744.

——— des Indes Orientales, 4. Paris 1688.

——— & Memoires du Card. Duc de Richelieu &c. 12. 9 vol. Cologne 1666.

——— Naturelle, Civile & Ecclefiaftique de l'Empire du Japon &c. par Kæmpfer, fol. 2 vol. fig. La Haye 1724.

——— des Ordres Militaires ou des Chevaliers &c. 8. 4 vol. fig. Amft. 1721.

——— des Obligations & Statuts des Francs-Maçons &c. 8. fig. Francf. 1742.

——— des Princes & Principauté d'Orange,
par

par de la Pise, *fol. fig. La Haye* 1639.
Histoire de la Reformation de la Suisse par Ruchat, 12. 6 *vol. Geneve* 1727.
——— des Revolutions de Hongrie &c. 4. 2 *vol. fig. La Haye* 1739.
————— de Portugal, 12. *La Haye* 1734. ╮
————— Romaine, 12. 3 *vol. fig. La Haye* 1737. ├ par l'Abbé Vertot.
————— de Suede, 12. *La Haye* 1744. ╯
————— de Corse & de Theodore I. 12. *La Haye* 1738.
————— de la Succession aux Duchez de Cleves, Berg & Juliers &c. par Rousset, 8. 2 *vol. Amst.* 1738.
————— de Suede sous le Regne de Charles XII, par Limiers, 12. 6 *vol. fig. Bruxelle* 1743.
————— Veritable & Secrette des Vies des Rois & Reines d'Angleterre, 12. 3 *vol. Amst.* 1729.
————— de la Vie de David par l'Abbé de Choisi, 12. *fig. Amst.* 1723.
————— Universelle, Traduite de l'Anglois d'une Societé de gens de Lettres, 4. 7 *vol. Amst.* 1742.
————— des Yncas Rois du Perou, avec les *fig.* de B. Picart, 4. 2 *vol. Amst.* 1737.
Henriade de Voltaire, 4. *Londres* 1728.
————— 8. *Londres.*
Hipolitus à Lapide de Ratione Status &c. 12. 1647.
Historia della Republica Veneta par B. Nani, 4. 2 *vol. Venise* 1662.
————— delle Guerre Civili di Francia, par Davilla, 4. *Venise* 1650.

Hora-

Horatius Flaccus, ex off. Plantin 1594.
———————— Emblemata, Studio Othonis
Vænii, 4. *fig. Brux.* 1683.

J.

Jardinier François, 12. *Paris* 1666.
  Idées de la Babilone Spirituelle predites,
    par les Saintes Ecritures, 12. *Utrecht* 1733.
Jeu (le) des Echets, traduit de l'Italien de
    Gioachino, 12. *Paris* 1713.
Jeu Royal de l'Hombre & celui du Piquet,
    &c. 12. *Amst.* 1735.
Images des Heros & des Grands Hommes de
    l'Antiquité, deſſinées ſur des Médailles des
    Pierres Antiques & autres anciens Monu-
    mens, par Jean Capini, gravées par B. Picart
    le Romain, 4. *Amst.* 1731.
* Illuſtres Françoiſes (ſous preſſe) cette edit.
    ſe fait ſur la derni. d'*Utrecht* 1737 elle ſera
    augmentée de la *Vie de l'Auteur*, & de quel-
    ques figures, 12. 4 *vol. Amst.*
———————— Pariſienne, Hiſtoire Galante, 12.
Illuſions des Philoſophes ſur la Baguette De-
    vinatoire, 12. *fig.*
Imitation de Jeſus-Chriſt, par Bellegarde,
    12 *Brux.* 1700.
Incrédule amené à la Religion par la Raiſon,
    par le P. François Lamy, 12. *Paris* 1710.
Infortunée Hollandoiſe ou les Mémoires de
    Mad. de Belfont, 12. 2 *vol. La Haye* 1739.
Introduction à la Vie dévote de St. François
    de Sales, 12. *Paris* 1695.
Introduction à l'Hiſt. d'Angleterre, par le
    Chevalier Temple, 12. *Londres* 1696.
———————— à la Philoſophie, par 's Graveſande,
    8. *Leyde* 1737.

Inſti-

Inſtitution Militaire de Vegece, 8. *Amſt.* 1744.
Interets des Princes d'Allemagne ſous le nom
 d'Hippolitus à Lapide &c. 12. 2 vol. 1712.
Interêts des Princes de l'Europe, 12.
Inſtructions ſur les Lettres de Change & ſur
 les billets Negociables, 12. 1736.
—————— d'un Pere à ſa Fille, par du Puy, 12.
 Paris 1708.
—————— d'un Jeune Seigneur par Chetardie,
 12. *La Haye* 1721.
JOURNAL des Sçavans, depuis ſon Commen-
 cement 1665 jusqu'à 1746, compl. 12. 138 ol.
————— ——— idem volumes ſeparez.
—————— Litteraire depuis May 1713-1735, 8.
 44 vol. *La Haye.*
—————— ———— idem. vol. ſeparez.
—————— Univerſel, 12. Janv. 1743. & la ſuite.
—————— des Saints, ou Meditations pour tous
 les jours de l'année, par Croiſet, 8. 3 vol.
 Bruxelles 1726.
—————— de la Reſidence du Sr. de Lange, 8.
 Leyde 1726.
Journaliſte Amuſant, 12. *Amſt.* 1732.
* Journées Amuſantes, par Mad. de Gomez,
 12. 8 vol. fig. *Amſt.* 1736.
Juſtes Motifs de faire la Guerre à l'Eſpagne,
 8. *La Haye* 1738.
Julien l'Apoſtat ou abregé de ſa Vie &c. 12.
 1688.
Joco-ſeri Diſſertatio Juridica, Liberavati. 12.
 1684.
Irenæi (Sti.) fragmenta Anecdota, 8. Hagæ 1715.
Iſocratis Opera, Gr. & Lat. apud Hen. Stepha-
 num, fol. 1593.
Julii Cæſaris Commentarii, Antw. Chr. Plantin.
 1570.

CATALOGUE

Junii, Hornani Medici, Batavia, ex off. Plant.
4. 1588.
Juvenalis N. Rigaltii Lutet. apud Rob Steph.
1616. acced. Horatius J Rutgersii. ibid. 1614

K.

K *Abbala denuda'a seu Doctrina Hebræorum Transcendentalis & Metaph. atque Theologica,* 4. 4 vol. Ffort. 1684.
Kees Comment. ad D. Justiniani Institutiones Imperial. fol. 1742.

L

L A Nouvelle Mécanique ou Statique de Mr.
Varignon, 4. 2 *vol. fig.* Paris 1741.
Lettres & Mémoires du Baron de Pollnitz,
8. 5 *vol.* Amst. 1737.
—— Choisies de S. Cyprien &c. 8. ibid. 1688.
—— qui découvrent l'Illusion des Philosophes sur la Baguette &c. 12. Paris 1693.
—— (nouvelles) de Gui Patin &c. 12. 2 *vol.*
Amst. 1718.
Les Nouvelles Françoises ou les Divertissement de la Princesse Aurelie, par Segrais,
12. 2 *vol. fig.* 1741.
Livre d'Intérêt, par Lespine &c. Amst. 1731.
Logique de De Crousaz, (la premiére Ed)
12. 2 *vol.* ibid. 1712.
—— idem dern. edition, *en 6 vol.* 1741.
—— de Wolf, 8. Lausan. 1745.
Layzoni Opera Omnia Medico-Physica &c. 4.
3 *vol.* Lausan. 1738.
Leonii (Elb.) *Centuria Conciliorum, in quibus multa Illustres Controversiæ Assecurationum,*
Divor-

Divortiorum, Rej Monetariæ, Privilegiorum, Confœderationum, Diverfos in Europa Principes, Ditiones, Civitates, & familias refpicientium, fol. Plantin, 1584.

Linnæi (Caroli) *Fundamenta Botanica &c.* 8. Amft. 1741.

LUCRETII (T.) *Cari de Rerum Natura, Libri VI.* 12. *fig. Parifiis apud Couftellier* 1744. *editio nitidiffima.*

M.

MAgnificence du Royaume de France, où l'on voit fes Villes, Maifons de Plaifance &c. *repréfentées en* 173 *tailles-douces très-exactes,* 4. 2 *vol.*

Maître à Danfer &c. par Rameau, 8. *fig. Paris* 1734.

Manière de bien Penfer dans les Ouvrages d'Efprit, par le P. Bouhours, 12. *La Haye* 1739.

Manière de Negocier avec les Souverains, par de Cailliere, 12. *Amft.* 1716.

———— de bien batir, pour toutes fortes de Perfonnes, par Muet, *fol. fig. Paris.*

Médecine Dogmatique Mechanique, expliquée par les Principes de Phyfique, par Bellefontaine, 12. 2 *vol. Amft.* 1712.

Mémoires du Marquis d'Argens &c. 8. *fig. Lond.* 1737.

———— & Avantures d'une Dame de qualité, 12. 6 *parties.* 3 *vol.* 1740.

———— du Comte de Guiche, concernant les Provinces-Unies des Païs-Bas, depuis 1665-1672. ouvrage qui fert de preuves & de confirmation aux Lettres & Negociations du Comte d'Eftrades, 12. 1744.

———— d'Etat, par de Villeroy fous Charles

IX. Henri III. Henri IV. & fous Louis
XIII. 12. 7 vol. *Amſt.* 1723.
Mémoires de Gué-Trouin, Chef d'Escadre
de S M. T. C. 8. *Amſt.* 1730.
———— Hiſtoriques, 12. 45 *vol. compl*
———— Hiſtoriques, Politiques, & Litteraires,
concernant le Portugal & toutes ſes dépen-
dances, avec la Bibliot des Ecrivains de
ſes Etats, par le Chevelier d'Oliveira, 8.
2 *vol. La Haye* 1743.
———— Hiſtoriques & Secrets concernant les
Amours des Rois de France, 12. *La Haye*
1739.
———— Litteraires de la Grande Bretagne,
12. 16 *vol. La Haye* 1720-1724.
———— de Montecuculi Generaliſſime des
troupes de l'Empereur &c. 8. *fig. Strasb.*
1735.
———— d'Omer Talon ſervant d'Eclairciſſe-
ments & de Preuves aux Mémoires de Retz,
de Joli & de Brienne, 12. 8 *vol. La Haye*
1732.
———— pour ſervir aux Eſſais de Montagne,
4. *Lond.* 1741. *gr. pap.*
———— pour ſervir à l'Hiſtoire de France &
de Bourgogne, contenant un Journal de
Paris ſous Charles VI & VII. 4. *Paris* 1729.
———— ———— ———— Eccleſiaſtiques par Tille-
mont, 12. 30 *vol. Bruxelle* 1730.
———— Secrets pour ſervir à l'Hiſtoire de
Perſe, Nouvelle Edition avec la Clef, 8.
Amſt. 1746.
———— pour ſervir à l'Hiſtoire de la Calot-
te, 12. 1732.
Mentor Moderne, par Stéele, 12. 4 *vol. Amſt.*
1727.

Mercure

Meteure Galant, 12. 8 vol. *La Haye* 1710.
1713.

Militaire en solitude ou le Philosophe Chré-
tien &c. 8. 2 vol. *La Haye* 1736.

Mille & un Quart d'heure, Contes Tartares,
12. 4 vol. fig. *Utrecht* 1737.

—— & un jour, Contes Persans, 12. 5 vol.
fig. *Amst.* 1730.

—— & une Nuit, Contes Arabes, 12. 12
vol. fig. *La Haye* 1730.

MARSILII *Danubius Pannonico-Mysicus, Obser-
vationibus Geographicis, Astronomicis, Hydro-
graphicis, Historicis, Physicis, Illustratus,*
formé d'*Atlas*, 6 vol. fig. *La Haye* 1726.

Memorie Bresciane Opera di Ottavio Rossi, 4.
fig. *Bresciæ* 1693. Ch. Maj.

Montalti Litteræ Provinciales &c. 12. 2 vol.
Cologne 1700.

Munsteri Cosmographia, fol. *Basil.* 1554.

Muratorii Rerum Italicarum Scriptores, Mediol.
fol. Tom. 1. premiere & seconde partie,
Tom. 2. premiére & seconde partie Tom.
3, 4 & 10. en 7 vol. en Velin.

N.

NEgoce d'Amsterdam &c. 4. 1723.
Nonnes Galantes ou l'Amour embegui-
né, 12. *La Haye.* 1739.

Nouvelles Remarques sur Virgile, sur Home-
re & sur le prétendu Style Poétique &c. 12.
1710.

—— Exemplaires de Michel de Cervan-
tes augmentées de trois Nouvelles qui
n'avoient point été traduites en François
& de la Vie de l'Auteur, 12. 2 vol. fig.
Nou-

Nouvelle Bibliotheque de la Haye, parties sé-
parées.

———— Lettres Historiques & Politiques, 12.
1744, 1745.

Nouveau Criticon ou les Foiblesses Françoi-
ses, 12. Col. 1709.

———— Theatre François, contenant les
meilleures pièces &c. 12. 12 vol. La Haye
1737-1743.

———— Newcastle, Traité de Cavalerie Geo-
metrique, Theorique & Pratique, 8. Lauf.
1745.

Newtoni Opuscula Mathematica, Philosophica
& Philologica &c. 4 3 vol. fig. Lauf. 1743.

———— Opticæ, sive de Reflexionibus, Refrac-
tionibus, Inflexionibus, & Coloribus Lucis, Li-
bri Tres. Latine reddidit Sam. Clarke, editio
novissima, 4. fig. Lauf. 1740.

O.

OEuvres d'Anacreon & de Sapho, Gr. &
Lat. 12. 1692.

———— d'Architecture de Vincent Scamot-
zi, 4. fig. La Haye 1736,

———— de Balzac. 8. 2 vol. Elzevier.

———— de Bayle, fol. 4 vol. Amst. 1725.

———— de Boileau, 12. 4 vol. fig. ibid 1729.

———— de Brantome, 12. 15 vol. fig. La Haye
1740.

———— de Clement Marot &c. 12. 6 vol. La
Haye 1731.

———— d'Homere, par Mad. Dacier, 12. 7
vol. fig. Amst.

———— de P. & Th. Corneille, 12. 11 vol.
fig. Amst. 1740

———— du Sr. D*** avec l'Art d'Aimer d'O-
vide, 8. Paris 1713.

Oeu-

Oeuvres diverses, contenant; Elemens sur la Géometrie; Discours sur les Astres &c. par Mr. de Maupertuis, 12. *fig. Amst.* 1744.

Oeuvres de St. Evremond, 12. 7 *vol. Col.* 1708.

——— Oeuvres de la Motthe le Vayer, *fol.* 2 vol. *Paris* 1662.

——— diverses de Locke, 12. 2 *vol. Amst.* 1732.

——— de Moliere, 12. 4 *vol. fig. La Haye* 1735.

——— de Rabelais avec les remarques de Duchat, celles de la Traduction Angloise &c. 4. 3 *vol. fig. Amst.* 1741.

——— de Racine, 12. 3 *vol. Amst.* 1743.

——— de Voltaire, 8. 6 *vol. ibid.* 1744.

Origine de la Grandeur de la Cour de Rome & de la Nomination aux Evêchez & aux Abbaïes de France, par Vertot, 12. *La Haye* 1737.

Ouvrages (trois) de Xenophon, contenant le Portrait de la Condition des Rois, la Retraite des dix mille, & les Choses memorables de Socrate, 12. 2 *vol. Amst.* 1745.

Ouvrages pour & contre les Services Militaires & Etrangers, considérés du côté du Droit & de la Morale, par Loys de Bochat, 8. 3 *vol. Lauf.* 1738.

Optati (Stii) Afri Milevitani Episcopi, de Schismate Donatistarum adversus Parmenianum libri Septem, fol. *Paris* 1700. Ch. Major.

Origenis (de) Animalium & Migratione Populorum Scriptum Abr. Milii, 12. *Genevæ* 1667.

Opere di Machiavelli, 4. 1550.

P.

PAmela, ou la Vertu Recompensée, traduit de l'Anglois, 12. 4 *vol. fig. Amst.* 1742.

Pa-

Parallele des mœurs de ce Siecle & de la Morale de J. C. par le R. P. Croiset, 8. *Bruxelles* 1729.

Paraphrase des Pfaumes de David, par Ant. Godeau, *dern. edition.* 12. 1676.

PARODIE de plufieurs Opera, fur la Vie des Moines mandians, Comédie compofée par les R R. P P. Jefuites. Manufcrit.

Penfées libres fur la Religion, l'Eglife, & le bonheur de la Nation, traduit de l'Anglois, 8. 2 *vol. La Haye* 1723.

Philofophe Marié ou le Mari honteux de l'être Comédie, 12. *Amft.* 1727.

Philofophie (la) Occulte, Traduction Latine, par H. C. Agrippa, 8. 2 *vol. fig. La Haye* 1727.

Phyfique Occulte, ou Traité de la Baguette divinatoire, par Vallemont, 12. *fig. Paris* 1726.

Pierres Antiques, gravées par B. Picart & Expliquées, par Phi. de Stofch, Latin & François, *fol.* 70 *fig. Amft.* 1724. *premières Epreuves.*

———— tirées des principaux Cabinets de la France, *fol. en* 41 *Planches.*

Plan de Pacification &c. 12. 1745.

Pratique des Vertus Chrétiennes &c. 8. 1737.

Principes du Deffein &c. par Hoet, *fol. fig. Leyde* 1723.

Prudence Humaine, ou moyen de s'élever à la Grandeur, 12. *Francfort* 1744.

Pfeaumes, gros caractère, nouvelle Verfion, tout Mufique, 12. *Amft.* 1738.

———— idem de *La Haye*, 12. 1730.

———— en 4 parties, 8. *la Neufville* 1739.

PHÆDRI FABULÆ, 12. *Parifiis apud Couftellier* 1742. *cum fig. editio nitidiffima.*

Pindari Poetæ &c. 4. *Bafil.* 1535.

DES LIVRES.

*Principum & Illustrium quorumdam Virorum
qui in Europâ alibique Terrarum quâ fama
quâ Eruditione celebres fuerunt Veræ Imagines*, fol. Lugd. Bat.

R.

RⒺcueil des meilleurs Desseins de *Raimond
la Fage*, premiéres Epreuves mis au jour
par Vander Bruggen, *Paris* 1689. forme
d'Atlas, *reliés en 2 vol. en Velin Cordé trés-
propre.*

———— des Lions dessinés d'aprés nature, par
divers Maîtres, & gravées par B. Picart, divisé en 16 Livres, chacun de 6 feuillets, 4.

———— de Portraits de differents Maîtres,
comme, Masson, Mellang, Edelinck,
Schmidt, Houbraken, Wil, &c.

———— de plusieurs Estampes, de Rubens,
& d'autres Maîtres.

———— General des Piéces touchant l'affaire
des Princes Legitimes & Legitimez, 12. 4
vol. 1717.

———— de Contes, Voyez *Contes.*

———— de Piéces Curieuses sur les Matiéres
les plus interessantes, par Radicati Comte
de Passeran, 8. Rott 1736.

———— de Remedes faciles & domestiques
par Mad. Fouquet, 12. 2 vol. Utrecht 1740.

———— des Piéces du Regiment de la Calotte, 12.

———— de Voyages au Nord avec divers
Mémoires sur le Commerce & sur la Navigation &c. 12. 10 vol. fig. Amst.

———— de Cantates &c. par Bachelier, 12.
La Haye 1728.

Recherches Interessantes sur les Vers à tuyau
par Mr. le Doct. Massuet, 8. fig. Amst. 1733.

Reflexions Morales, Satiriques & Comiques,
sur les Mœurs de notre Siècle, quatrième
Edition, 12, 1733.
—————— Critiques sur le Traité de l'usage des
différentes saignées, par Mr. Chevalier,
12. *Paris* 1730.
Relation du Voyage de S. M. Britannique en
Hollande, *fol. fig. La Haye* 1692.
Roman (le) de la Rose &c. derniere Edition,
12. 3 *vol. Amst.* 1735.
Rycquius de Capitolio Romano, Commentairus,
12. fig. *Lugd. Bat.* 1669.

S.

SAtires de Perse & de Juvenal par le Père
Tarteron, Latin-François, 12. 1737.
—————— & autres Oeuvres de Regnier accom-
pagnée de Remarques Historiques, 4. *Lon-
dres* 1733. en Cadre Rouge.
Sanfonnet Badin, Agréable & Utile, 8. *Amst.*
1743.
Secrets des Misteres ou l'Apologie de la Ru-
brique des Missels, par Vallemont, 12. 2 *vol.*
Paris 1710.
Sermons de Mr. De Crousaz, 8. 2 *vol. Amst.*
1723.
—————— de Mr. de Beausobre, 8. 2 *vol.* 1744.
Solitaire en belle Humeur, Contenant des
Histoires Curieuses, Recreatives & Interes-
santes, 12. 3 *vol. fig. Amst.* 1741.
Songe de Scipion (le) la Lettre Politique à
Quintus & les Paradoxes de Ciceron, trad.
nouv. avec des remarques & le Latin à cô-
te, 12. *Paris* 1725.
*Salmasii (Claudii) Epistolæ cum Prolegom. D.
Clementii,* 4. *Lugd. Bat.* 1656.

Schotti

Schotti (And.) Proverbia Græca ex Zenobio seu Zenodoto, Diogeniano, & Suidæ Collecta-neis, Gr. Lat. cum Scholiis, 4. Antv. Plan-tin, 1612.

Solerius de Pileo, 12. fig. Amst. 1671.

Stephanus (Hen.) de Latinitate falso suspecta, apud H. Steph, 1576.

T.

THeologie de l'Eau ou Essai sur la Bonté, la Sagesse & la puissance de Dieu, par Fabricius, 8. *La Haye* 1741.

————— des Insectes ou Demonstration des Perfections de Dieu dans tout ce qui concerne les Insectes, par Lesser, 8. 2 *vol.* fig. *La Haye* 1743.

Traité des Marques Nationales &c. 12. *Paris* 1739.

——— contre l'Impureté, par Mr. Osterveld, 12. *Amst.* 1707.

——— de l'Amour de Dieu, par Elie Saurin, 8. 2 *vol. Amst* 1701.

——— des Ambassades & des Ambassadeurs, 8. *Rotterd.* 1726.

——— Geographiques & Historiques, pour l'Intelligence de la Sainte Ecriture, par Mr. de la Martiniere, 12. 2 *vol. La Haye* 1730.

——— de la Dissolution du Mariage, pour Cause d'Impuissance, 8. *Luxemb* 1735.

——— de la Religion Revelée, par Martin, 8. 2 *vol. Amst* 1723.

——— ——— Naturelle, par le même. 8. *Amst.* 1713.

——— des Armes, enseignant la manière de combattre de pointe seul l'Espadon, les Piques, &c. l'Exercice du fusil &c. 4. fig. *La Haye* 1740.

Traité

CATALOGUE

Traité de l'Etat des Morts & des Reffufcitans,
par Burnet, 12. *Rotterd.* 1731.

Triomphe Hermetique ou la Pierre Philofo-
phale Victorieufe, Traité plus complet &
plus intelligible qu'il y en ait eu jusques ici.
12. *fig.*

————— de la Religion fous Louïs le Grand,
12. *fig. Paris* 1687.

Teftament Politique du Marquis de Louvois
&c. 8. *Cologne* 1695.

————— & Pfeaumes de plufieurs formats & ca-
racteres.

————— avec les Notes du Pere Quesnel. 8 *vol.*

Theatre des Grecs, par le P. Brumoy, 12. 6
vol. Amft. 1732.

Teftamentum (Novum) Græcum, 8. 2 vol.
apud Rob. Steph. 1546.

————— ————— *in* 16. apud Blaeu, 1633. M. G.
acced. Teftam. Latinum.

Titus Livius in Ufum Delphini, 4. 6 *vol. Paris*
1679.

*Turrettini (Jo Alph.) in Pauli Apoftoli Epift.
ad Romanos &c.* 4. Lauf. 1741.

V.

VERTOT fes Ouvrages, Voyez, *Hiftoire.*

Vertus (les) Medecinales de l'Eau Com-
mune avec une Differtation de Mr. de Mai-
ran fur la Glace, 12. 2 *vol. Paris* 1730.

Vie de St. Cyprien, Evêque de Carthage &c.
8. *Amft.* 1689.

————— de Caffiodore, Chancelier & premier
Miniftre de Theodoric le Grand &c. 12.
1695.

————— de Gusman d'Alfarache, 12. 3 *vol. fig.
Amft.* 1740.

Vie

Vie des SS. Pères des Deferts d'Orient &
d'Occident &c. 8. 4 *vol. fig. Amft.* 1714.
—— de P. Mignard Peintre du Roy &c. 12.
Amft. 1731.
—— de Philippe d'Orleans, par L. M. D. M.
12. 2 *vol. fig. Londres* 1737.
—— de Marianne, on Avantures de Mad. la
Comteffe D***. par Marivaux, 8. 11 *par-
ties fig. La Haye* 1741.
—— du Vicomte de Turenne, par Du Buiffon
12. *La Haye* 1695.
Vies des Poëtes Grecs, par Le Fevre &c. 12.
Amft. 1700.
Vifites Charitables, par Drelincourt, revues
par Mr. de la Rivière, 8. 3 *vol. Amft.* 1731.
Voyage Litteraire de deux Benedictins où
l'on trouve plufieurs Infcriptions, Epita-
phes, fervans à éclaircir l'Hiftoire &c. 4.
fig. Paris 1724.
—— en Efpagne & en Italie, par le P. Lab-
bat, 12. 8 *vol. Paris* 1730.
—— Nouveau aux grandes Indes &c. par
Luillier, 8. *Rott.* 1726.
—— de Le Brun aux Indes, 4. 5 *vol. Paris.*
—— & Avantures des trois Princes de
Sarandip, 12. *fig. Amft.* 1721.
—— du Capitaine Gulliver en divers païs
éloignez, 12. 2 *vol. fig. La Haye* 1730.
—— d'Olearius & de Mandeflo, en Mof-
covie, Tartarie Perfe, & Indes Orientales,
fol. 4 *vol. fig. Amft.*
Utopie de Thomas Morus ou Plan d'une Ré-
publique Heureufe &c. 12. *fig. Leide* 1715.
Ufage des Globes Celeftes & Terreftres & des
Spheres, fuivant les différens Syftêmes du
Monde, &c. par Bion. 4. *fig. Amft.* 1700. *très-
proprement Enluminé.*
Ufage

C A T A L O G U E &c.

Usage du Compas de proportion &c. par Ozanam, 8. *Paris* 1736.

Vues des Principales Villes d'Italie, Rome, Naples, Venise &c. *en 26 feuilles de fig. in fol.*

Variæ Variorum Respublicæ in 24 Elzev 43 vol.

Varronis Opera quæ extant nova editio, edente & recensente A. Popma, ex off. Plant. 8. 1601.

—— *Opera quæ supersunt in lib. de L. L. Conject. J. Scaliger 1581. Acced. H. Steph. ad pend assertionum Analogiæ Ling. Lat & J. C. Scaligeri de eadem Disputatio, H. Steph. 1691.*

VIRGILII OPERA, 12. 3 vol. *Parisiis apud Coustellier cum fig. Editio Nitidissima.*

Vocabulary in six Languages, viz. Englisch, Latin, Italian, French, Spanisch, and Portugues, 8. *London* 1725.

W.

W *Aræi de Hibernia & Antiquitatibus ejus Disquisitiones &c* Seconde Edition, 8. fig. London 1658.

Werenfelsii Opuscula Theologica, Philosophica & Philologica &c. 4. 2 vol. Lausane 1739.

Wolfii Comp. Elem. Matheseos Universæ &c. 8. 2 vol. fig. Lausane 1742.

On trouve chez le même Libraire un assortiment de Livres d'Allemagne tant en Allemand qu'en Latin, plusieurs Ouvrages Espagnols comme *Mariana, Bourdaloue Sermones, Ximenes, Solis &c.*